Helga König

Hausschuhe einfach strickfilzen

Neue Techniken mit „Geling-Garantie“

Leopold Stocker Verlag
Graz –Stuttgart

Umschlaggestaltung: DSR – Werbeagentur Rypka, A-8143-Dobl/Graz
Titelbilder: Ralf Tornow, Digi-Art, Bad Aussee
Bildnachweis: Ralf Tornow, Digi-Art, Bad Aussee: S. 3, 4, 11, 20 o., 21 ff., 25 o., 26 o., 27, 28 o., 29, 30 o., 31 o., 32 u., 35 f., 38 o., 39 o., 40 f., 42 o., 43 ff., 46 o., 49, 50, 51 re. u., 52, 54
Alle anderen Abbildungen stammen dankenswerterweise von der Autorin.

Bibliographische Information der Deutschen Nationalbibliothek
Die Deutsche Nationalbibliothek verzeichnet diese Publikation in der Deutschen Nationalbibliographie; detaillierte bibliographische Daten sind im Internet über http://dnb.d-nb.de abrufbar.

Hinweis:
Dieses Buch wurde auf chlorfrei gebleichtem Papier gedruckt. Die zum Schutz vor Verschmutzung verwendete Einschweißfolie ist aus Polyethylen chlor- und schwefelfrei hergestellt. Diese umweltfreundliche Folie verhält sich grundwasserneutral, ist voll recyclingfähig und verbrennt in Müllverbrennungsanlagen völlig ungiftig.

Auf Wunsch senden wir Ihnen gerne kostenlos unser Verlagsverzeichnis zu:
Leopold Stocker Verlag GmbH
Hofgasse 5 / Postfach 438
A-8011 Graz
Tel.: +43 (0)316/82 16 36
Fax: +43 (0)316/83 56 12
E-Mail: stocker-verlag@stocker-verlag.com
www.stocker-verlag.com

ISBN 978-3-7020-1686-9

Layout & Repro: DSR – Werbeagentur Rypka, A-8143-Dobl/Graz
Druck: hm·perfectprintconsult·eu

Inhaltsverzeichnis

Grundlagen

Hausschuhe

Inhaltsverzeichnis

Vorwort

Strickfilzen gehört zu meinen liebsten Hobbys. Schnell und unkompliziert sind ein Paar Hausschuhe gestrickt und anschließend in der Waschmaschine gefilzt – die dann zum Beispiel als Geschenk auch viel Freude bereiten.

In meinen täglichen Begegnungen mit Handarbeitsbegeisterten habe ich von den kleinen und größeren Problemen beim Strickfilzen gehört. So habe ich mich auf die Suche nach einer einfacheren Technik für Hausschuhe – strickgefilzt – gemacht … und gefunden.

Mit der von mir neu entwickelten und vereinfachten Technik bietet sich Ihnen auch ein großer Spielraum für Farb- und Formvariationen an.

Ich wünsche Ihnen viel Spaß beim Nacharbeiten und Experimentieren …

… und vor allem gutes Gelingen.

Ihre Helga König

Material zum Strickfilzen

Strick-Filzwolle

Die Filzwolle ist eine naturbelassene Schafwolle, welche mit einer leichten Drehung zu einem Faden verarbeitet ist.

Als „Strick-Filzwolle" bezeichnet man spezielle Wolle, die im Handel mit der Lauflänge von 50 Metern auf 50 Gramm angeboten wird, was auch so auf der Banderole steht. Im Handel erhältlich sind z. B. „Filz mich", „Wash+Filz-it!", „creativ filz" oder „Filzwolle". Jede Firma hat einen etwas anderen Namen dafür – doch sind sie in der Qualität alle gleich gut. Man kann ohne Weiteres auch Filzwolle von verschiedenen Firmen miteinander verstricken.

Info

Filzwolle ist ein reines Naturprodukt! Deshalb kann es immer wieder leichte Abweichungen in Griff oder in der Stärke des Fadens geben.

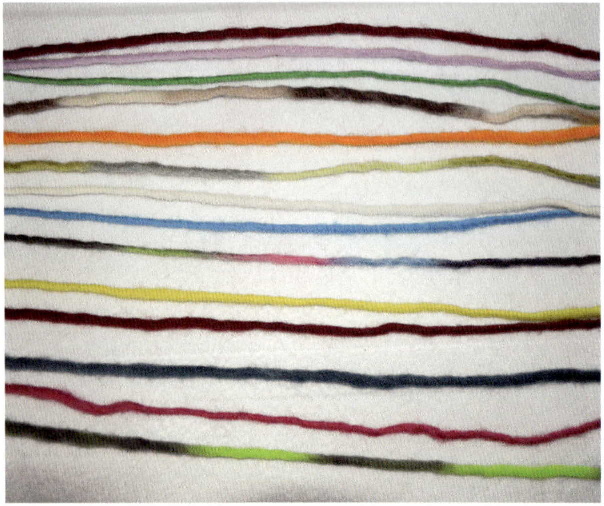

Filzwolle – nur ganz leicht gedreht. Sie ist in unzähligen Farben und Farbschattierungen erhältlich.

Stricknadeln

1 Paar Jackenstricknadeln Nr. 6–8 (Länge 35 cm)

Info

Die Nadelstärke richtet sich danach, wie fest oder locker Sie stricken:

- Feststricker – Nadelstärke Nr. 8
- „weder das Eine noch das Andere" – Nadelstärke Nr. 7
- Lockerstricker – Nadelstärke Nr. 6

Für einige Modelle benötigen Sie auch ein Nadelspiel oder eine Rundstricknadel in der gleichen Stärke wie die Jackenstricknadeln.

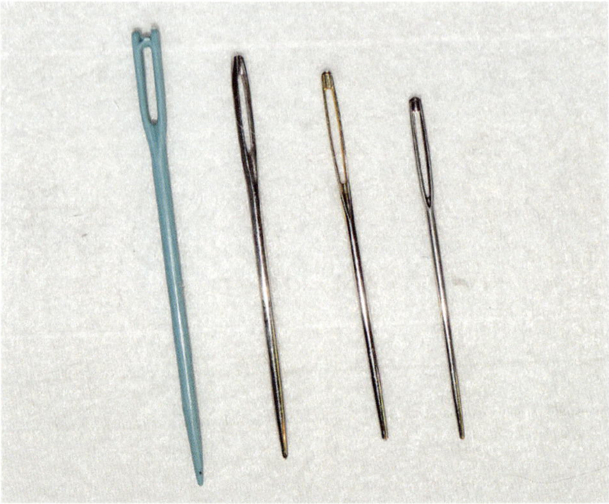

Zum Zusammennähen benötigen Sie eine stumpfe Nadel mit großem Öhr (Sticknadel) und den gleichen Faden, mit dem Sie gestrickt haben.

Die Filzwolle gibt es unifarbig und in unzähligen farbverlaufenden Designs.

Grundtechniken des Strickfilzens

Zuerst wird die Sohle gestrickt und danach der Fuß. Am Schluss wird das Teil mit einigen Stichen zusammengenäht.

Schritt 1

Ermitteln Sie laut Tabelle die Maschenanzahl und schlagen Sie diese mit einem einfachen Maschenanschlag an.

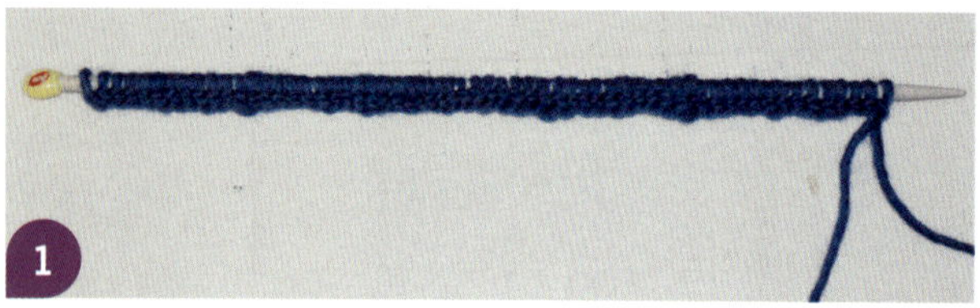

Schritt 2

Stricken Sie die für die Sohle angegebenen Reihen laut Tabelle immer im Muster Kraus rechts

Schritt 3

Wenn es gewünscht ist, wechseln Sie die Farbe, wobei Sie die beiden Fäden etwas länger hängen lassen (damit sie später vernäht werden können) und verknoten sie ganz leicht miteinander, damit sie den Knoten am Schluss wieder leicht auflösen können. (*siehe Abb. rechts oben*)

Schritt 4

Markieren Sie nun mit einem Kontrastfaden die mittlere Masche und stricken Sie bis 3 Maschen vor diese Mittelmasche.

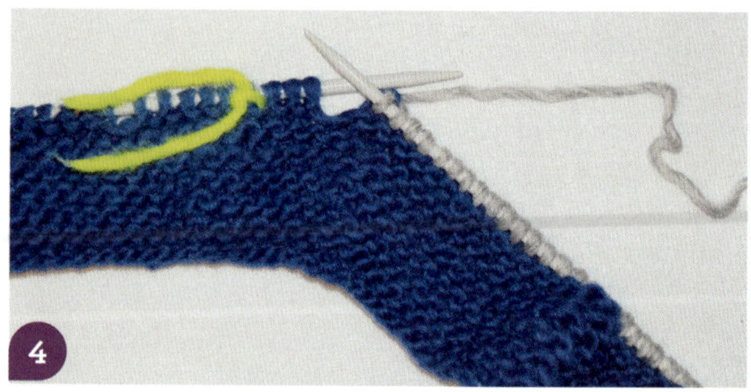

Schritt 5

Stricken sie nun 2 Maschen zusammen.

Schritt 6
Stricken Sie laut der Tabelle die angegebenen Mittelmaschen (in diesem Fall 1 Masche stricken, wieder 2 Maschen zusammenstricken und die Reihe fertig stricken).

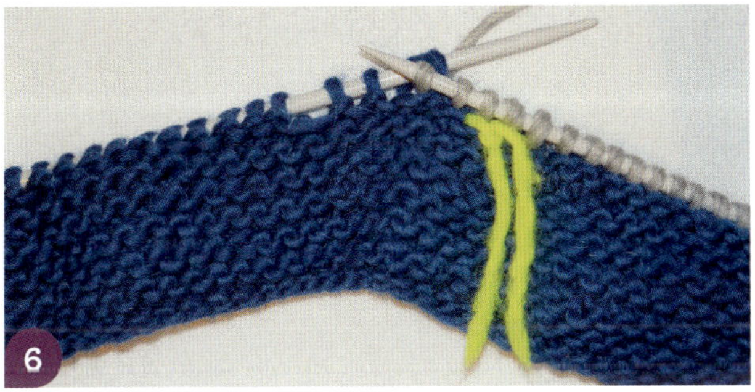
6

Schritt 7
Diese Reihe (Schritt 5 und 6) wiederholen Sie so oft, wie in der Tabelle die Reihenanzahl für den „Fuß" steht.

7

Schritt 8
Nun ketten Sie die Maschen ganz, ganz locker ab. (*siehe Abb. rechts oben*)

8

Schritt 9
Wenn Sie den Hausschuh etwas höher möchten, lassen Sie Schritt 8 aus und stricken Sie die in der Anleitung des jeweiligen Modells angegebenen Reihen mit gleichbleibender Maschenanzahl weiter.

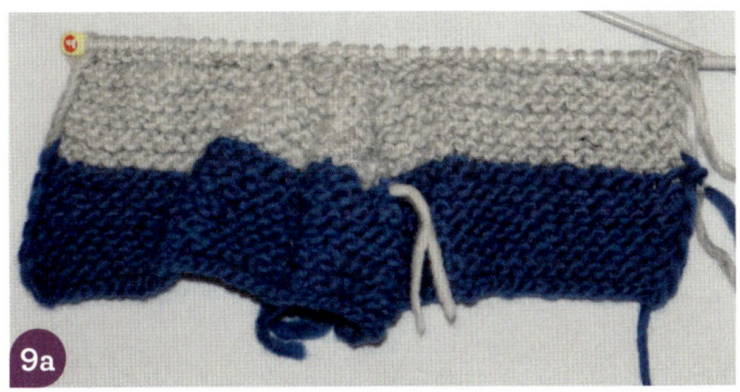
9a

(*Fortsetzung auf der nächsten Seite*)

9b

9c

Schritt 10

Jetzt nähen Sie die Ferse und die Sohle zusammen und vernähen sämtliche Fäden.
Dabei nähen Sie von der Ferse immer eine ganze Masche (2 Fäden) auf jeder Seite zusammen.

10a

Von der Sohle auf jeder Seite nur 1 Faden aus der Masche zusammennähen.

10b

Info

Jedes Modell in diesem Buch können Sie mit HIlfe der Tabelle auf Seite 18 in jeder gewünschten Größe stricken!

Hausschuh Ende Schritt 8

Hausschuh Ende Schritt 9

Hohe und niedrige Hausschuhe, in der Waschmaschine bereits gefilzt.

Grundmuster des Strickfilzens

1. Glatt rechts

In der Hinreihe werden die Maschen rechts gestrickt.
In der Rückreihe links gestrickt.

2. Glatt links

In der Hinreihe werden die Maschen links gestrickt.
In der Rückreihe rechts gestrickt.

3. Kraus rechts

Alle Maschen in der Hin- und Rückreihe werden rechts gestrickt.

4. Perlmuster

1 Masche rechts, 1 Masche links, in jeder Reihe versetzt.

Vor dem Filzen

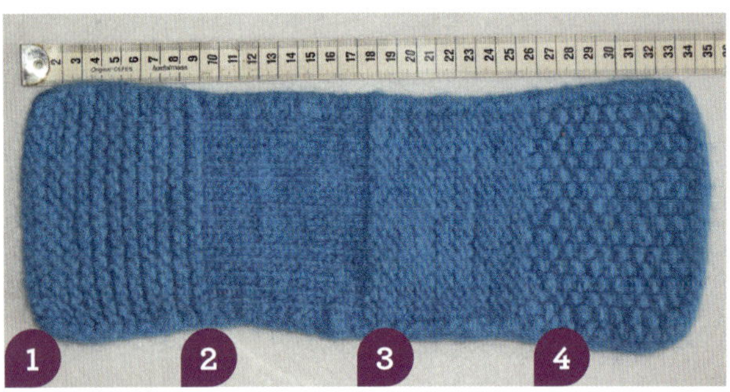

Nach dem Filzen

1 Masche zunehmen

Um eine Masche zuzunehmen, stricken Sie aus dem Querfaden zwischen 2 Maschen 1 Masche verschränkt heraus.

1 Masche abnehmen

Um eine Masche abzunehmen, stricken Sie 2 Maschen zusammen.

Faden vernähen

Das Fadenende auf der Rückseite mit einer dicken Nadel 3 bis 4 Maschen entlang vernähen. Beim Filzvorgang verfilzt sich der Faden dann mit dem Gestrickten.

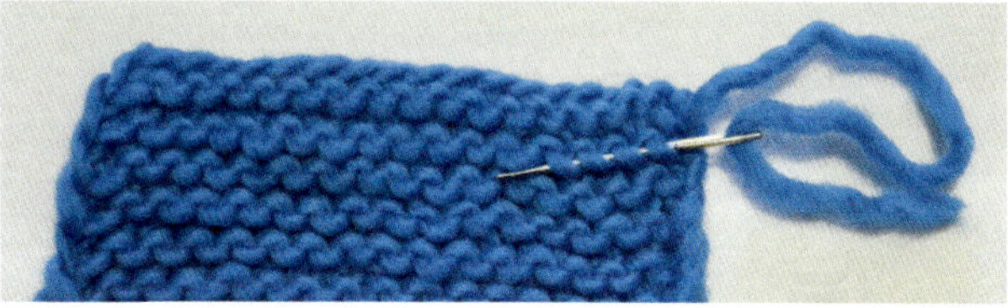

Vorder- und Rückseite

Welche Seite Sie als „schöne" oder „vordere" Seite bezeichnen, ist ganz Ihnen überlassen. Zur besseren Verständlichkeit bezeichne ich in diesem Buch ...

... diese Seite als gestreifte Seite ...

... und diese Seite als „strichlierte" Seite

Sohle der Hausschuhe

Schafwolle hat leider die Eigenschaft, Reibung nicht besonders gut zu vertragen, sodass relativ schnell Löcher in der Sohle entstehen. Deshalb gibt es mehrere Möglichkeiten, die Sohle haltbarer zu machen.

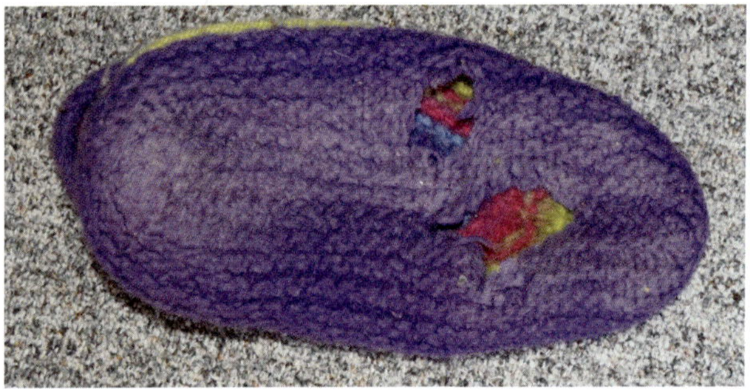

Schafwolle verträgt Reibung nicht gut.

Nähen sie aus **Leder**, **Filz** oder **dickem Loden** eine Sohle auf den Hausschuh. Dazu zeichnen Sie auf einem Blatt Papier die gewünschte Fußgröße nach und schneiden den Umriss aus. Übertragen Sie diese Schablone auf das Leder, den Filz oder den Loden, schneiden diesen aus und nähen die Teile mit einem einfachen Überwendlungsstich auf den Hausschuh auf.

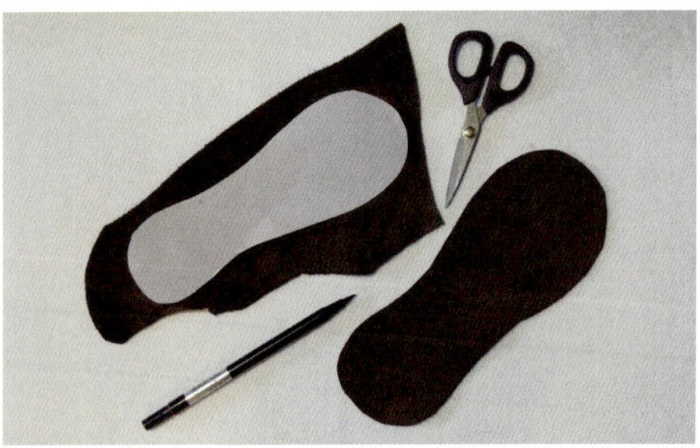

Übertragen der Schablone aufs Leder

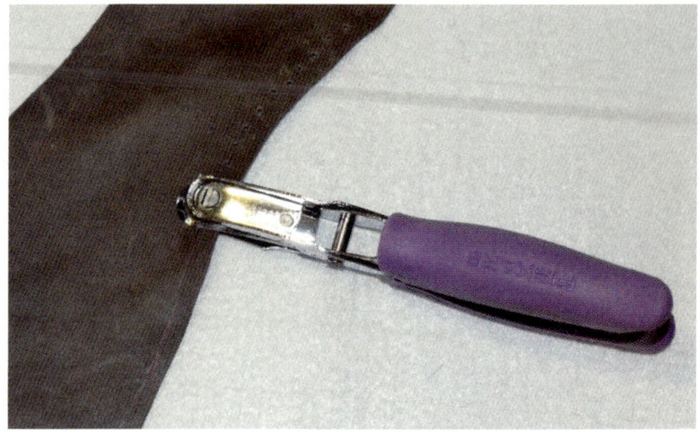

Stanzen der Löcher

Tipp

Bei Leder ist es von Vorteil, wenn Sie vor dem Aufnähen kleine Löcher hineinstanzen (siehe Abb. unten).

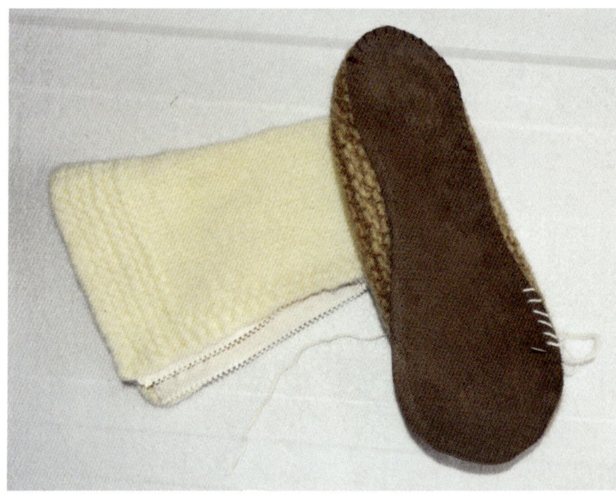

Aufnähen der Ledersohle

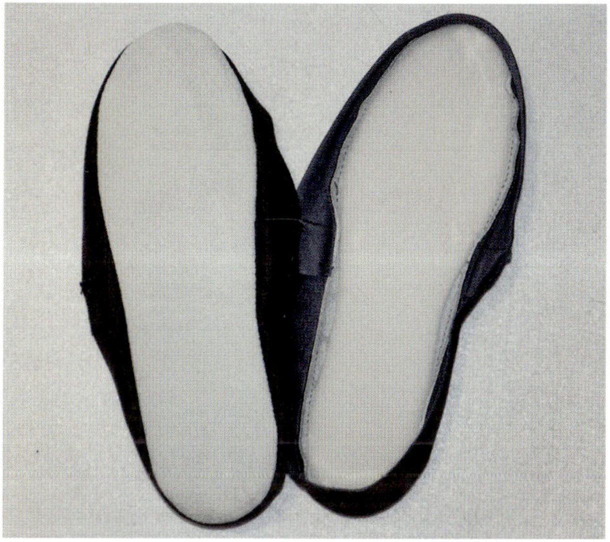

Sohlen für Hüttenpatschen sind im Handel erhältlich.

Im Handel werden auch so genannte **Sohlen für Hüttenpatschen** angeboten. Diese sind aus Leder und haben am Rand schon vorgestanzte Löcher zum einfachen Annähen.

Widerstandsfähig und rutschfest werden die Hausschuhe, wenn Sie die Sohle mit einem so genannten **Sockenstopp** bestreichen.

Dieser wird im Handel in vielen Farben angeboten und ist sehr einfach in der Handhabung. Man bestreicht die Sohle mit dieser abriebfesten Latexmasse und lässt sie sehr gut trocknen – dabei sind der Kreativität keine Grenzen gesetzt.

Tipp

Stopfen Sie den Hausschuh vor dem Bestreichen mit einem Geschirrtuch aus, damit er während der Trocknungszeit schön auf dem „Bauch“ liegen bleibt.

Bestreichen der Schuhe mit Sockenstopp

Filzen der Hausschuhe

Die fertig gestrickten Hausschuhe werden nun in der Waschmaschine gefilzt.

Dazu wäscht man die Hausschuhe in der Waschmaschine mit einem normalen Programm (30–40 °C) mit einem handelsüblichen Waschmittel und gibt 2–3 Tennisbälle dazu (für einen besseren Filzeffekt). Anstatt der Tennisbälle können Sie auch unempfindliche Buntwäsche mitwaschen und erzielen somit den gleichen Effekt (die Waschmaschine sollte dabei nur zur Hälfte gefüllt sein)

Sollte das Filz-Ergebnis noch zu groß ausgefallen sein, wiederholen Sie diesen Vorgang im gleichen Programm mit der gleichen Temperatur.

Sofort nach dem Waschen ziehen Sie die Hausschuhe auf einen Leisten, um sie in Form zu bringen. **(Abb. 1)**

Sollten Sie keine Leisten zur Hand haben, können Sie die Hausschuhe auch anziehen und so in Form bringen. **(Abb. 2)**

Auch mit einigen Geschirrtüchern kann man sich gut helfen. Dazu der Größe entsprechend ein oder mehrere Geschirrtücher in den Schuh stecken und in Form drücken. **(Abb. 3)**

Abb. 2

Abb. 1

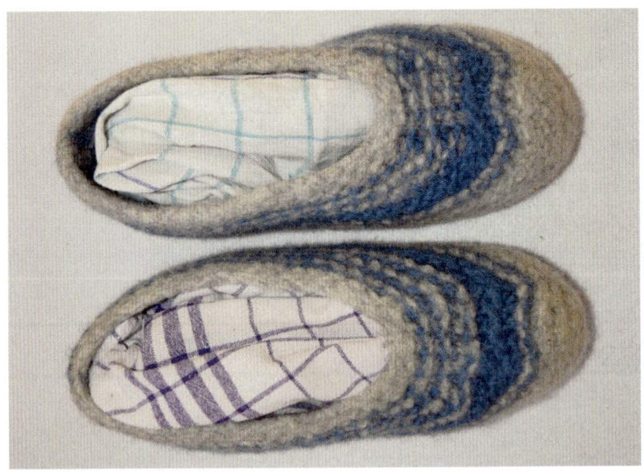

Abb. 3

Es gibt viele Arten von **Schuhleisten** (v. l. n. r.)

- aus Styropor (im Fachhandel erhältlich)
- aus Holz (selbst gemacht)
- aus Kunststoff (aus einer aufgelassenen Schusterwerkstatt oder Ähnlichem)

Das Filzergebnis hängt von mehreren Faktoren ab:

1. **Filzwolle (ein 100%iges Naturprodukt)**
2. **der Waschmaschine (jede Waschmaschine filzt anders)**
3. **das Wasser (je härter das Wasser ist, umso besser verfilzt die Wolle)**

Info

Grundsätzlich bleibt immer ein kleiner Überraschungseffekt über, wenn man die Hausschuhe aus der Waschmaschine nimmt.

Tipp

Für die spätere Pflege der Hausschuhe waschen Sie diese nur mehr mit dem Wollprogramm – sonst werden sie mit der Zeit immer kleiner.

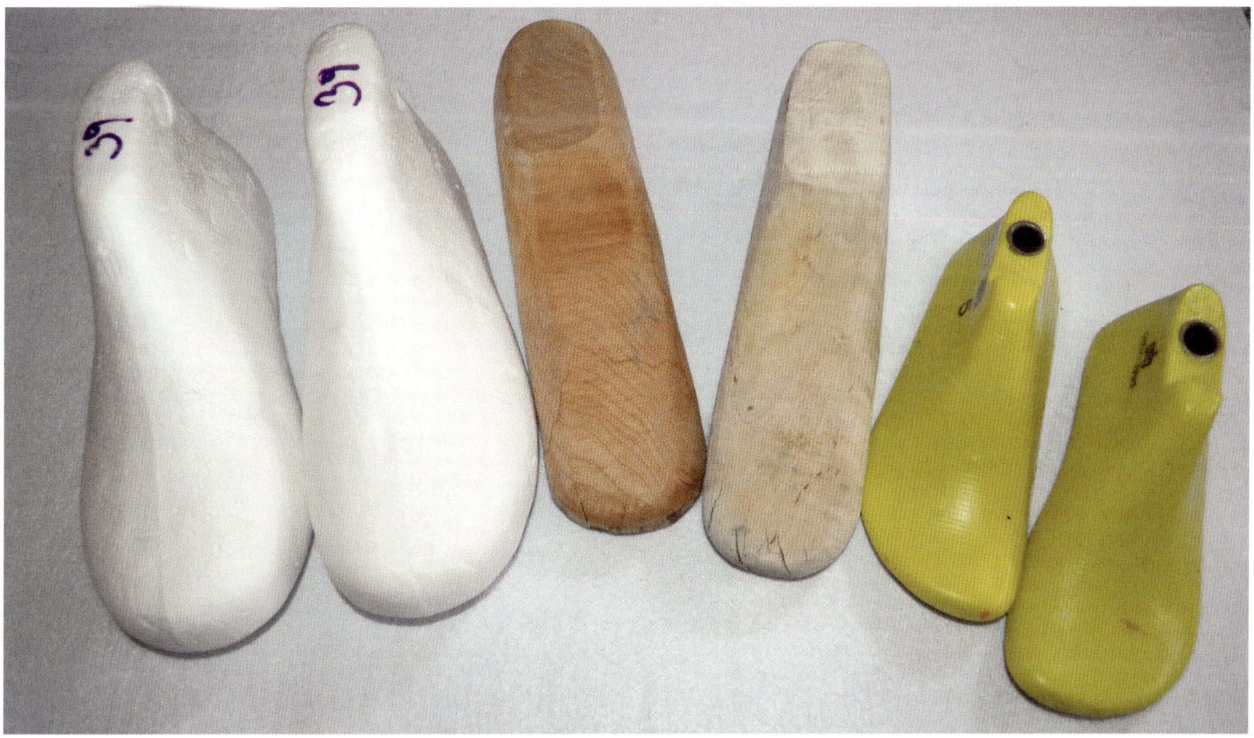

Tabelle für Hausschuhe

- für Nadel Nr. 6, wenn Sie locker stricken
- für Nadel Nr. 7, wenn Sie fest stricken
- für Nadel Nr. 8, wenn Sie sehr fest stricken

Maschenprobe

Ungefilzt 10 x 10 cm sind 8 Maschen x 20 Reihen (Muster Kraus rechts) = gefilzt 6 cm Breite x 8 cm Höhe.

Größe	Meine Größe (korrigiert)	Anschlag (Maschen-anzahl)	Sohle (Reihen)	Fuß (Reihen)	Mittel-maschen	Woll-menge*
18–19		31	6	7	1	50 g
20–21		33	6	8	1	60 g
22–23		35	7	9	1	70 g
24–25		41	7	10	1	80 g
26–27		45	8	11	1	90 g
28–29		51	8	12	1	100 g
30–31		55	9	13	1	120 g
32–33		61	10	14	3	140 g
34–35		65	10	15	3	150 g
36–37		71	11	16	3	160 g
38–39		75	12	17	3	180 g
40–41		81	13	18	3	200 g
42–43		85	14	19	5	230 g
44–45		91	14	20	5	250 g
46–47		95	15	21	5	300 g

* Die hier angegebene Wollmenge bezieht sich auf Hausschuhe in der Grundtechnik Schritt 1–8 und kann, je nach Festigkeit des gestrickten Hausschuhs, variieren. Der genaue Wollverbrauch je Farbe ist bei jedem Modell bei der Anleitung angegeben.

Wichtiger Hinweis

Da die fertige Größe des Hausschuhs von mehreren Faktoren abhängt (siehe Seite 17), empfehle ich Ihnen, ihre individuelle Maßtabelle zu erstellen, nachdem Sie Ihre ersten Hausschuhe gestrickt und gefilzt haben.

Zum Beispiel:
Sie stricken ein Paar Hausschuhe Größe 34. Diese sind nach dem Filzen aber nur Größe 32, dann korrigieren Sie in der Spalte „Größe korrigiert" entsprechend alle Größen neu.

Größe	Meine Größe (korrigiert)	Anschlag (Maschen-anzahl)	Sohle (Reihen)	Fuß (Reihen)	Mittel-maschen	Woll-menge*
28–29	26-27	51	8	12	1	100 g
30–31	28-29	55	9	13	1	120 g
32–33	30-31	61	10	14	3	140 g
34-35	32-33	65	10	15	3	150 g
36–37	34-35	71	11	16	3	160 g

In Rosarot und Himmelbau für kleine Babyfüße

Rosa

Material

25 g Filzwolle, rosa

25 g Filzwolle, creme

25 g nichtfilzende Wolle, Lauflänge ca. 50–60 m/50 g

1 Nadelspiel Nr. 4,5 für den Schaft

Info

Bei diesem Modell wird die „strichlierte" Seite als rechte Seite verwendet.

Schlagen Sie 31 Maschen an und stricken Sie in der Grundtechnik die Schritte 1–7.

Für die **Sohle** stricken sie in Rosa 6 Reihen im Muster Kraus rechts.

Für den **Fuß** stricken Sie in Beige im Muster Glatt rechts 7 Reihen.

Für das Bündchen verteilen Sie die Maschen auf 4 Nadeln und stricken mit der nichtfilzenden Wolle über 20 Runden ein Bündchen. 1 Masche rechts, 1 Masche links

Anschließend alle Maschen ganz locker abketten.

Nähen Sie die Hausschuhe wie bei Schritt 10 zusammen und filzen diese, wie auf Seite 16 beschrieben, in der Waschmaschine.

Bild links: Stricken Sie das Bündchen mit einem Nadelspiel.

Bild rechts: Nun noch die Fäden vernähen und den Schuh zusammennähen.

Himmelblau

Material

30 g Filzwolle, hellblau
30 g Filzwolle, creme
2 Applikationen zum Aufbügeln

Info

Bei diesem Modell wurde die „strichlierte“ Seite als rechte Seite verwendet.

Der ganze Hausschuh wird im Muster „Kraus rechts“ gestrickt.

Schlagen Sie 45 Maschen an und stricken Sie in der Grundtechnik die Schritte 1–8.

Für die **Sohle** stricken Sie 8 Reihen in Himmelblau.

Für den **Fuß** 11 Reihen in Beige stricken, wobei die letzte Reihe (Abkettreihe) in Himmelblau gearbeitet wird.

Nähen Sie die Hausschuhe wie in Schritt 10 zusammen und filzen diese, wie auf Seite 16 beschrieben, in der Waschmaschine.

Hausschuhe für die Puppe oder den Teddy

Material

8 g Filzwolle, blau
8 g Filzwolle, weiß

Die Filzhausschuhe für die Puppe werden nach dem gleichen Schema gestrickt (Grundanleitung) wie die Hausschuhe für Menschen.

Die Fußlänge soll 7 cm betragen (Babypuppe).

Für die **Sohle** 25 Maschen anschlagen und in Kraus rechts 4 Reihen stricken.

Für den **Fuß** ohne Mittelmasche 4 Reihen glatt rechts stricken und noch weitere 3 Reihen ohne Abnahme kraus rechts stricken. Ganz locker abketten.

Für das Schuhband einen ca. 20 cm langen Filzwollfaden durch 2 Maschen stecken.

Nähen Sie die Hausschuhe wie in Schritt 10 zusammen und filzen diese, wie auf Seite 16 beschrieben, in der Waschmaschine.

Tipp

Damit sich dieser kleine Hausschuh nicht ineinander verfilzt, gebe ich vorsorglich ein kleines Plastiksackerl beim Waschen hinein.

Hase und Igel

Hase

Material

100 g Filzwolle, hellbraun gemustert
50 g Filzwolle, dunkelbraun gemustert

Für das Ohr
Rest Filzwolle, creme
Rest Filzwolle, braun gemustert
Häkelnadel Nr. 6

Für das Gesicht
Rest Schwarze Wolle
Augen

Häkelanleitung Schuh

Schlagen Sie 61 Maschen an und stricken Sie in der Grundtechnik die Schritte 1–7.

Für die **Sohle** 10 Reihen in der dunkelbraun gemusterten Wolle stricken

Für den **Fuß** 14 Reihen in hellbraun gemusterter Wolle stricken. Die seitlichen Maschen werden im Muster Kraus rechts gestrickt.

Für die **Gesichtsform** stricken Sie seitlich die ersten und letzten 16 Maschen im Muster Kraus rechts. Die restlichen seitlichen und mittleren Maschen stricken Sie glatt rechts.
4 Reihen – 1 Mittelmasche
2 Reihen – 3 Mittelmaschen
6 Reihen – 5 Mittelmaschen
1 Reihe – 3 Mittelmaschen
1 Reihe – 1 Mittelmasche
Zum Schluss stricken Sie noch 10 Reihen in Kraus rechts ohne Abnahme (Schritt 9).
Anschließend ketten Sie alle Maschen ganz locker ab. **(Abb. 1)**

Nähen Sie den Hausschuh wie in Schritt 10 zusammen.

Häkeln Sie die Ohren laut Anleitung.

Filzen Sie die Hausschuhe und die Ohren separat, wie auf Seite 16 beschrieben, in der Waschmaschine. **(Abb. 2)**

Stecken Sie die Augen **(Abb. 9)** durch den Filz und geben das Gegenstück darauf. Sticken Sie das Näschen auf und nähen Sie die Ohren an.

Häkelanleitung Ohr (4 x)

7 Lm + 1 Wlm in Braun
1. Reihe: 7 fM in Braun
2. Reihe: 7 fM in Braun
3. Reihe: 7 fM, in die oberste Masche 1 fM, 3 Stb, 1 fM, und auf der anderen Seite wieder 7 fM
4. Reihe: 9 fM, in die oberste Masche 1 fM, 3 Stb, 1 fM, und auf der anderen Seite wieder 9 fM **(Abb. 3–8)**

Info

Abkürzungen
Lm – Luftmasche
Wlm – Wendeluftmasche
fM – feste Mache
Stb – Stäbchen

Abb. 1

Abb. 2

Abb. 3

Abb. 4

Abb. 5

Abb. 6

Abb. 7

Abb. 8

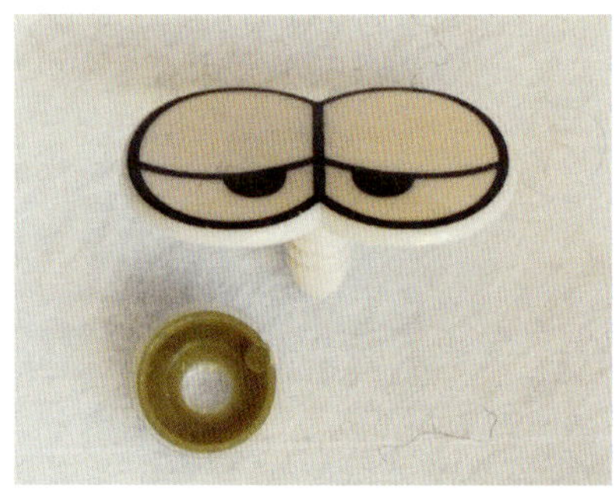

Abb. 9

Igel

Material

50 g Filzwolle, mittelgrau

50 g Filzwolle, creme

Für die Fransen
50 g Filzwolle, hellgrau

Etwas Filzwolle, mittelgrau

Häkelnadel Nr. 4–5

Für das Gesicht
Rest schwarze Wolle

Teddyaugen zum Annähen

Schlagen Sie 51 Maschen an und stricken Sie in der Grundtechnik die Schritte 1–7 in Kraus rechts.

Für die **Sohle** 8 Reihen in mittelgrauer Wolle stricken.

Für den **Fuß** 12 Reihen in cremefarbener Wolle stricken.

Für die **Gesichtsform** stricken Sie seitlich die ersten und letzten 13 Maschen im Muster Kraus rechts. Die restlichen seitlichen und mittleren Maschen stricken Sie glatt rechts.

Zum Schluss stricken Sie noch 5 Reihen ohne Abnahme (Schritt 9).

Anschließend alle Maschen ganz locker abketten.

Nähen Sie den Hausschuh wie in Schritt 10 zusammen und knüpfen Sie in jede linke Masche einen Faden ein. (Abb. 1–3)

Filzen Sie die Hausschuhe, wie auf Seite 16 beschrieben, in der Waschmaschine.

Sticken Sie das Näschen auf und nähen Sie die Augen an.

Abb. 1

Abb. 2

Abb. 3

Bunt geht es besser

Material

50 g Filzwolle, rot
50 g Filzwolle, creme
Filzwollreste für die Fransen
1 Häkelnadel Nr. 3–4

Schlagen Sie 51 Maschen an und stricken Sie in der Grundtechnik die Schritte 1–7.

Für die **Sohle** stricken Sie 8 Reihen in Rot in Kraus rechts.

Für den **Fuß** 12 Reihen in Creme im Muster Glatt rechts stricken.

Zum Schluss stricken Sie noch 10 Reihen ohne Abnahme (Schritt 9) im Muster Glatt rechts, wobei die 2., 5. und 8. Reihe links gestrickt werden.

Anschließend alle Maschen ganz locker abketten.

Den Hausschuh wie in Schritt 10 zusammennähen. **(Abb. 1)**

Aus Filzwollresten ca. 10 cm lange Stücke abschneiden. **(Abb. 2)**

Knüpfen Sie in jede links gestrickte Reihe bei jeder Masche einen Faden von ca. 10 cm Länge (fertige Länge: 5 cm) mit einer Häkelnadel ein. **(Abb. 3)**

Filzen Sie die Hausschuhe, wie auf Seite 16 beschrieben, in der Waschmaschine.

Abb. 1

Abb. 2

Abb. 3

Kleine und große Monster

Türkis

Material

50 g Filzwolle, dunkeltürkis
150 g Filzwolle, helltürkis
2 Applikationen Augen
Fadenrest für den Mund

Schlagen Sie 71 Maschen an und stricken Sie in der Grundtechnik die Schritte 1–7.

Für die **Sohle** stricken Sie 11 Reihen in einem dunklen Türkis in Kraus rechts.

Für den **Fuß** 16 Reihen in einem helleren Türkis im Muster Glatt rechts stricken.

Zum Schluss stricken Sie noch 7 Reihen ohne Abnahme in Glatt rechts (Schritt 9).

Anschließend alle Maschen ganz locker abketten.

Den Hausschuh wie bei Schritt 10 zusammennähen.

Am oberen Rand bei jeder Masche einen Faden von ca. 10 cm Länge (fertig 5 cm) einknüpfen. **(Abb. 1)**

Filzen Sie die Hausschuhe, wie auf Seite 16 beschrieben, in der Waschmaschine.

Bügeln Sie nach dem Trocknen die Augen auf **(Abb. 2)** und sticken Sie eine Mundlinie auf.

Abb. 1

Abb. 2

Grün

Material

70 g Filzwolle, grün meliert
180 g Filzwolle, grün
2 Applikationen Augen
Fadenrest für den Mund

Schlagen Sie 75 Maschen an und stricken Sie in der Grundtechnik die Schritte 1–7.

Arbeiten Sie die grünen Hausschuhe gleich wie die türkisen auf S. 28.

Für die **Sohle** stricken Sie 12 Reihen in einem melierten Grün.

Für den **Fuß** stricken Sie 17 Reihen in einem hellen Grün.

Auf der Blumenwiese

Material

50 g Filzwolle, hellblau
50 g Filzwolle, hellgrün
Filzwollreste zum Besticken

Schlagen Sie 61 Maschen an und stricken Sie in der Grundtechnik die Schritte 1–7.

Für die **Sohle** stricken Sie 10 Reihen in hellem Grün in Kraus rechts.

Für den **Fuß** 14 Reihen in hellem Blau im Muster Glatt rechts stricken.

Zum Schluss stricken Sie noch 2 Reihen ohne Abnahme (Schritt 9) in Kraus rechts.

Anschließend alle Maschen ganz locker abketten.

Sticken Sie nun freihand die Blumenwiese auf. Beginnen Sie mit den Stielen und Blättern und setzen Sie anschließend unterschiedliche Blüten darauf.

Die beiden Hausschuhe müssen nicht genau gleich sein!

Nähen Sie die Hausschuhe wie in Schritt 10 zusammen und filzen diese, wie auf Seite 16 beschrieben, in der Waschmaschine.

Die Stängel werden aufgestickt.

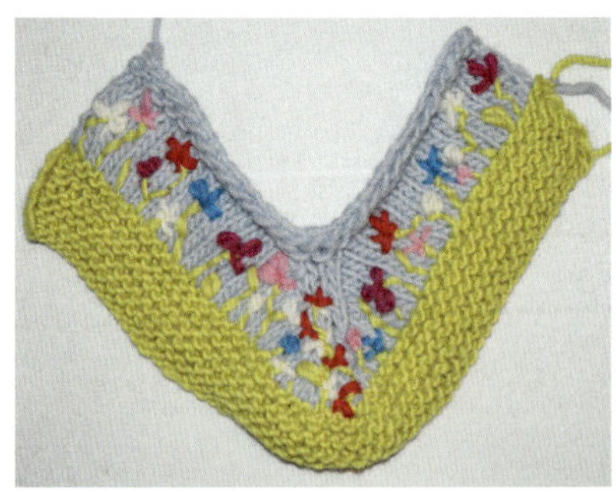

Fertig ist die Blumenwiese!

Ballerina

Material

100 g Filzwolle, hellgrau
Rest Filzwolle, weiß
Tüll und feinen Spitzenstoff für Blüten
Rest Bastelfilz
Nähfaden
Nähnadel

Schlagen Sie 75 Maschen an und stricken Sie in der Grundtechnik die Schritte 1–8.

Für die **Sohle** stricken Sie 12 Reihen in Kraus rechts.

Für den **Fuß** stricken Sie 5 Reihen im Muster Glatt rechts. Als Abschluss noch 3 Reihen 1 Masche rechts, 1 Masche links. Schneiden Sie den grauen Faden ab und ketten alle Maschen in der Farbe Weiß ganz locker ab.

Nähen Sie die Hausschuhe wie in Schritt 10 zusammen und filzen diese, wie auf Seite 16 beschrieben, in der Waschmaschine.

Tüllblüte

Schneiden Sie 2 Kreise aus Bastelfilz mit einem Durchmesser von 2,5 cm und ca. 30 Kreise aus Tüll und/oder Spitze mit einem Durchmesser von 3,5 cm aus. Falten Sie die Tüllkreise zu einem Viertel und nähen diese auf den Bastelfilz auf. Die so entstandene Blüte nähen Sie dann auf die Hausschuhe auf.

Bunt von Reihe zu Reihe – Reste-Verwertung

Wenn Sie öfters Hausschuhe strickfilzen, bleibt fast immer ein wenig Wolle übrig. Bei diesem Modell können Sie Ihre übriggebliebenen Filzwollreste verarbeiten.

Der ganze Hausschuh wird im Muster Kraus rechts gestrickt.

Bei diesem Modell wurde die „strichlierte" Seite als rechte Seite verwendet.

Tipp

Damit beide Hausschuhe gleich aussehen, sollten Sie diese gleichzeitig stricken!

Größe 27

Material

120 g verschiedene Filzwollreste

Schlagen Sie 45 Maschen an und stricken Sie in der Grundtechnik die Schritte 1–7.

Die **Sohle** mit einer grünen Wolle über 8 Reihen stricken.

Den **Fuß** mit einer Farbverlaufswolle über 11 Reihen stricken.

Zum Schluss stricken Sie noch 12 Reihen ohne Abnahme (Schritt 9).

Anschließend alle Maschen ganz locker abketten.

Nähen Sie die Hausschuhe wie in Schritt 10 zusammen und filzen diese, wie auf Seite 16 beschrieben, in der Waschmaschine.

Größe 37

Material

160 g verschiedene Filzwollreste

Schlagen Sie 71 Maschen an und stricken Sie in der Grundtechnik die Schritte 1–8.

Für die **Sohle** stricken Sie 11 Reihen mit der blauen Wolle.

Für den **Fuß** 16 Reihen abwechselnd immer 2 Reihen mit einer Farbe stricken.

Anschließend alle Maschen ganz locker abketten.

Nähen Sie die Hausschuhe wie in Schritt 10 zusammen und filzen diese, wie auf Seite 16 beschrieben, in der Waschmaschine.

Ganz in Natur und bestickt

Material

100 g Filzwolle, mittelbraun
100 g Filzwolle, creme
Filzwollreste zum Besticken
Stumpfe Sticknadel

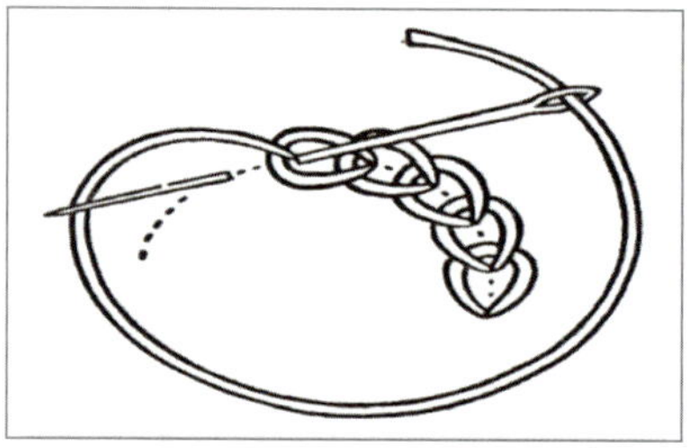

Kettmasche

Kettmaschen im Detail

Schlagen Sie 75 Maschen an und stricken Sie in der Grundtechnik die Schritte 1–7.

Für die **Sohle** stricken Sie 12 Reihen mit der mittelbraunen Wolle in Kraus rechts.

Der Farbwechsel erfolgt erst in der 3. Reihe des Fußes.

Für den **Fuß** 17 Reihen im Muster Glatt rechts mit der hellen Wolle weiterstricken.

Zum Schluss stricken Sie noch 6 Reihen kraus rechts ohne Abnahme (Schritt 9).

Anschließend alle Maschen ganz locker abketten.

Besticken Sie den Hausschuh noch vor dem Zusammennähen mit Kettmaschen, wie am Bild ersichtlich. **(Abb. 1+2)**

Nähen Sie die Hausschuhe wie in Schritt 10 zusammen und filzen diese, wie auf Seite 16 beschrieben, in der Waschmaschine.

Abb. 1

Abb. 2

Größe
39

Mit rosa Kragen

Material

120 g Filzwolle, schwarz/grau/rosa farbverlaufend

50 g Filzwolle, rosa

1 zusätzliches Nadelspiel oder Rundstricknadel in der gleichen Stärke, wie Sie den Hausschuh stricken, für den „Kragen".

Für die Blüte

Rest Filzwolle, hellrosa und rosa

Häkelnadel Nr. 6

Schlagen Sie 75 Maschen an und stricken Sie in der Grundtechnik die Schritte 1–7.

Stricken Sie für die **Sohle** 12 Reihen und für den **Fuß** 14 Reihen (3 Reihen weniger, als in der Tabelle angegeben ist) mit der Farbverlaufswolle im Muster Kraus rechts. Nach der letzten Reihe beim Fuß stricken Sie den **Kragen** an.

Dazu geben Sie die Maschen so auf ein Nadelspiel, dass nun vorne in der Mitte „offen" ist und hinten bei der Ferse geschlossen. 6 Reihen glatt rechts stricken, wobei in der 2. Reihe bei der Ferse 3 Maschen verteilt zugenommen werden. Anschließend noch 4 Reihen kraus rechts stricken und alle Maschen ganz locker abketten. (Abb. 1+2)

Den Hausschuh wie in Schritt 10 zusammennähen. (Abb. 3)

Blüte

2 x in Rosa: In einen Fadenring 7 Luftmaschen, 1 feste Masche – insgesamt 7 x wiederholen.

2 x in Hellrosa: In einen Fadenring 5 Luftmaschen, 1 feste Masche – insgesamt 5 x wiederholen. (Abb. 4–6)

Alle Fäden vernähen.

Filzen Sie die Hausschuhe und Blüten, wie auf Seite 16 beschrieben, in der Waschmaschine.

Tipp

Geben Sie die Blüten während des Filzens in ein Netz, damit sie in der Waschmaschine nicht verloren gehen.

Nach dem Trocknen legen Sie die Blüten ineinander und nähen diese miteinander auf. (Abb. 7–9)

Abb. 1

Abb. 2

Abb. 3

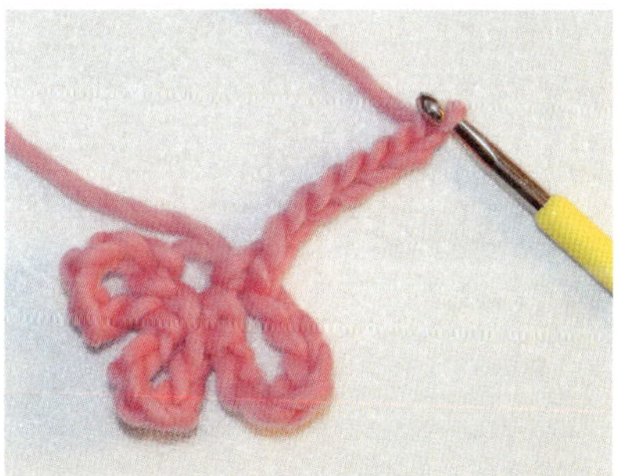

Abb. 4

Abb. 5

Abb. 6

Abb. 7

Abb. 8

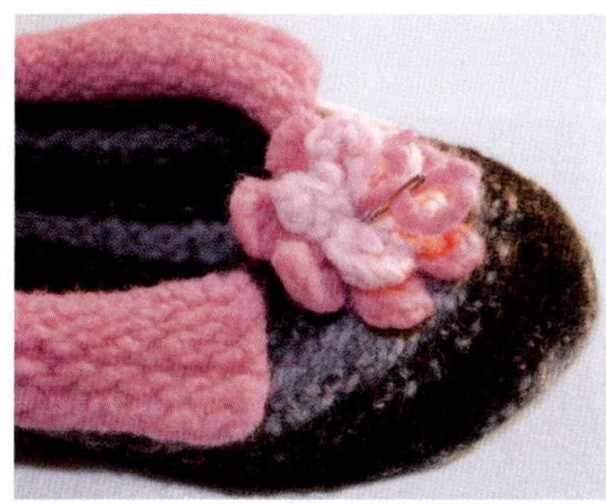

Abb. 9

Der Bommel macht's aus

Material

50 g Filzwolle, schwarz-gelb gemustert

80 g Filzwolle, gelb

2 Kunstfell-Bommel in Schwarz

Größe 34

Schlagen Sie 65 Maschen an und stricken Sie in der Grundtechnik die Schritte 1–7.

Für die **Sohle** stricken Sie 10 Reihen mit der schwarz-gelben Wolle in Kraus rechts.

Für den **Fuß** 15 Reihen in Gelb in folgendem Muster weitersticken.

3 Reihen kraus rechts
4 Reihen glatt rechts
2 Reihen kraus rechts
4 Reihen glatt rechts

Zum Schluss stricken Sie noch 4 Reihen ohne Abnahme (Schritt 9) im Muster Kraus rechts.

Anschließend alle Maschen ganz locker abketten.

Nähen Sie die Hausschuhe wie in Schritt 10 zusammen und filzen diese, wie auf Seite 16 beschrieben, in der Waschmaschine.

Nach dem Trocknen nähen Sie die Bommel mit einem starken Faden an.

Rose ohne Dornen

Material

50 g Filzwolle, grün
100 g Filzwolle, creme
Rosen aus Satin
Garn- oder Wollreste zum Besticken
roter Bastelfilz (1 mm) für die Rose
Nähfaden und Nähnadel

Schlagen Sie 75 Maschen an und stricken Sie in der Grundtechnik die Schritte 1–7.

Für die **Sohle** in Kraus rechts 6 Reihen in Grün, die restlichen 6 Reihen in Creme stricken.

Für den **Fuß** stricken Sie in Creme im Muster Glatt links 12 Reihen (2 Reihen weniger, als in der Tabelle angegeben!).

Zum Schluss stricken Sie noch 2 Reihen ohne Abnahme (Schritt 9) in Kraus rechts.

Anschließend alle Maschen ganz locker abketten.

Besticken Sie nun den oberen Rand mit dem Überwendlungsstich mit der grünen Filzwolle. **(Abb. 1+2)**

Nähen Sie die Hausschuhe wie in Schritt 10 zusammen und filzen diese, wie auf Seite 16 beschrieben, in der Waschmaschine.

Nach dem Trocknen sticken Sie zuerst die Stiele in Grün auf und anschließend nähen Sie die Rosen auf. **(Abb. 3)**

Die Rose können Sie auch ganz einfach nach einer Anleitung im Internet „Filzrosen selbst machen" herstellen. Dazu finden Sie mehrere Videos.

Abb. 1

Abb. 2

Abb. 3

Im klassischen Schwarz-Weiß mit Zopf

Material

50 g Filzwolle, schwarz-weiß gemustert

60 g Filzwolle, weiß

2 Quasten

Nähfaden

Nähnadel

Der ganze Hausschuh wird im Muster Kraus rechts gestrickt – mit Ausnahme der Mittelmaschen, die mit einem Zopfmuster gestrickt werden.

Bei diesem Modell wird die „strichlierte" Seite als rechte Seite verwendet.

61 + 1 Masche anschlagen und für die **Sohle** 10 Reihen in Schwarz stricken (Schritt 1–3).

Markieren Sie die **beiden vorderen Mittelmaschen** und stricken Sie den **Fuß** 14 Reihen über 6 Mittelmaschen.

Die seitlichen Maschen werden kraus rechts gestrickt. Die Mittelmaschen und die Maschen der Abnahme werden glatt rechts gestrickt. Mit den 6 Mittelmaschen stricken Sie einen Zopf, der sich jede 4. Reihe verzopft.

Die Abkettreihe mit Schwarz stricken (Schritt 9) und alle Maschen ganz locker abketten.

Nähen Sie die Hausschuhe wie in Schritt 10 zusammen und filzen diese, wie auf Seite 16 beschrieben, in der Waschmaschine.

Nähen Sie nun die Quasten an die Ferse an.

Quaste basteln

Ein dünnes Garn über einen 5 cm breiten Karton wickeln.

An einem Ende zusammenbinden, am anderen Ende alle Fäden durchschneiden. Die Quaste vom Karton abnehmen, halbieren und 0,5–1 cm unter dem Falz mit Garn umwickeln, um sie zu fixieren.

Bei diesen Quasten habe ich oben noch eine Perle mit aufgefädelt.

(Abb. rechts)

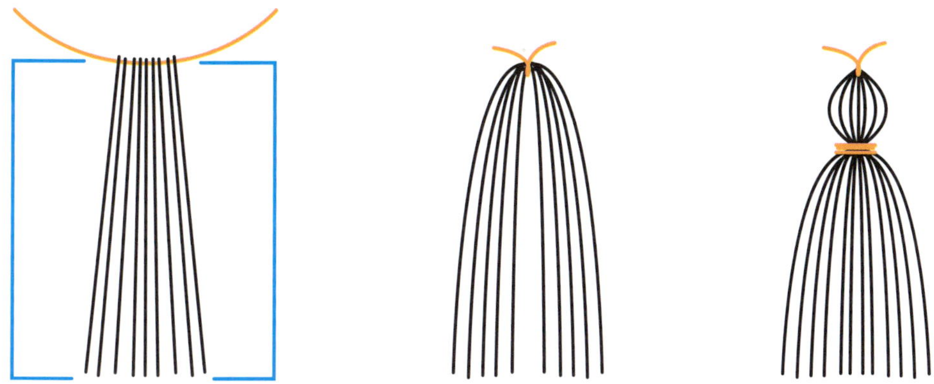

Herstellung einer Quaste

Nicht nur für Jäger

Material

70 g Filzwolle, braun
110 g Filzwolle, natur
50 g nichtfilzende Wolle, ca. 50 g/50 m
1 Nadelspiel Nr. 5
2 Applikationen Hirsch

Der ganze Hausschuh wird im Muster Kraus rechts gestrickt. Bei diesem Modell wurde die „strichlierte" Seite als rechte Seite verwendet.

Schlagen Sie 75 Maschen an und stricken Sie in der Grundtechnik die Schritte 1–8.

Für die **Sohle** stricken Sie 12 Reihen mit der braunen Wolle.

Für den **Fuß** 16 Reihen in naturweißer Farbe glatt links stricken.

Für den Rand die Maschen auf ein Nadelspiel geben und mit der braunen, nichtfilzenden Wolle 10 Runden 1 Masche rechts, 1 Masche links stricken (siehe Seite 37).

Anschließend alle Maschen ganz locker abketten.

Nähen Sie die Hausschuhe wie in Schritt 10 zusammen und filzen diese, wie auf Seite 16 beschrieben, in der Waschmaschine.

Nach dem Trocknen bügeln oder nähen Sie die Applikationen auf.

Edles Grau

Material

100 g Filzwolle, anthrazit
50 g Filzwolle, mittelgrau
50 g Filzwolle, hellgrau

Der ganze Hausschuh wird im Muster Kraus rechts gestrickt. Bei diesem Modell wurde die „strichlierte“ Seite als rechte Seite verwendet.

Schlagen Sie 81 Maschen an und stricken Sie in der Grundtechnik die Schritte 1–7.

Für die **Sohle** stricken Sie 13 Reihen in Anthrazit.

Den **Fuß** in folgender Farbfolge stricken:

4 Reihen hellgrau
2 Reihen mittelgrau
6 Reihen hellgrau
2 Reihen mittelgrau
3 Reihen hellgrau

Zum Schluss stricken Sie noch 2 Reihen in Mittelgrau ohne Abnahme (Schritt 9).

Anschließend alle Maschen ganz locker abketten.

Nähen Sie die Hausschuhe wie in Schritt 10 zusammen und filzen diese, wie auf Seite 16 beschrieben, in der Waschmaschine.

Für kleine und große Pantoffelhelden

Für kleine und große Pantoffelhelden

Material

Der Materialverbrauch ist in der Tabelle auf S. 48 angegeben.
2/3 für Sohle und Rand
1/3 für Fuß

Die Pantoffeln werden mit verkürzten Reihen in Kraus rechts gestrickt.

Die **Sohle** wie in der Grundtechnik Schritt 1–3 stricken.

Der **Fuß** wird, wie in der Grundtechnik im Schritt 4–7 beschrieben, gestrickt, jedoch mit verkürzten Reihen.

Dabei bleiben die seitlichen Maschen ungestrickt auf der Nadel, und zwar in der Reihenfolge, die in der Tabelle ersichtlich ist.

Seitliche Maschen

Die Zahlen, wie z. B. 3, bedeuten, dass Sie in der ersten Reihe die ersten 3 Maschen noch mit dem Faden der Sohle stricken. Die letzten 3 Maschen bleiben ungestrickt auf der Nadel. **(Abb. 1+2)**

In den weiteren Reihen am Ende jeder Reihe 1 Masche (doppelte Randmasche) ungestrickt lassen (zur besseren Ansicht wurde hier jede 2. Reihe mit einer anderen Farbe gestrickt). **(Abb. 3+4)**

Abb. 1

Abb. 2

Abb. 3

Abb. 4

Abb. 5

Abb. 6

Abb. 7

Abb. 8

Abb. 9

Abb. 10

Abb. 11

Abb. 12

Damit beim Wenden während der Reihe kein Loch entsteht, wird eine so genannte „doppelte Randmasche" gestrickt. Wenn Sie diese Masche wieder abstricken, werden die beiden Fäden als eine Masche abgestrickt.

Doppelte Randmasche

Die letzte Masche rechts abstricken, die Arbeit drehen. Den Faden nach oben ziehen. **(Abb. 5)** In die Maschen so einstechen, dass beide Fäden (von der letzten Masche) auf der Nadel sind. **(Abb. 6)**

Den Faden ganz nach hinten ziehen (so entsteht die doppelte Masche) und die Reihe der Anleitung entsprechend weiterstricken **(Abb. 7+8)**. Wenn Sie alle Reihen laut Tabelle gestrickt haben, den Faden abschneiden. **(Abb. 9)**

Rand

Die Maschen von der rechten Nadel auf die linke Nadel bis zum Faden der Sohle heben **(Abb. 10)**. Mit diesem Faden die in der Tabelle angegebenen Reihen für den Rand stricken (in diesem Fall 3 Reihen).

Anschließend alle Maschen ganz locker abketten. **(Abb. 11+12)**

Nähen Sie die Hausschuhe wie in Schritt 10 zusammen und filzen diese, wie auf Seite 16 beschrieben, in der Waschmaschine.

Tabelle für die Pantoffeln

- für Nadel Nr. 6 – wenn Sie locker stricken
- für Nadel Nr. 7 – wenn Sie fest stricken
- für Nadel Nr. 8 – wenn Sie sehr fest stricken

Maschenprobe

ungefilzt 10 x 10 cm sind 8 Maschen x 20 Reihen (Muster „Kraus rechts") = gefilzt 6 cm Breite x 8 cm Höhe

Größe	Maschen-anzahl Anschlag	Meine Größe korrigiert	Sohle Reihen	Fuß Reihen	Mittel-maschen	Seitliche Maschen	Oberer Rand Reihen	Wollver-brauch
22–23	35		7	9	1	2	1	45 g
24–25	41		7	10	1	2	1	55 g
26–27	45		8	11	1	2	2	65 g
28–29	51		9	12	1	3	2	70 g
30–31	55		9	13	1	3	2	80 g
32–33	61		10	14	3	4	2	90 g
34–35	65		11	15	3	4	3	100 g
36–37	71		12	16	3	5	3	120 g
38–39	75		12	17	3	5	3	130 g
40–41	81		13	18	3	6	3	150 g
42–43	85		14	19	5	6	4	190 g
44–45	91		14	20	5	7	4	200 g
46–47	95		15	21	5	7	4	250 g

Für die Handhabung dieser Tabelle gilt das Gleiche wie auf Seite 19.

Auch große Füße haben es gerne warm

Material

130 g Filzwolle, mittelblau
100 g Filzwolle, farbverlaufend
70 g Filzwolle, hellgrau

Der ganze Hausschuh wird im Muster Kraus rechts gestrickt.

Bei diesem Modell wurde die „strichlierte“ Seite als rechte Seite verwendet.

Schlagen Sie 95 Maschen an und stricken Sie in der Grundtechnik die Schritte 1–8.

Für die **Sohle** 15 Reihen in Mittelblau stricken.

Den **Fuß** in einer farbverlaufenden bunten Wolle stricken, bis 50 g aufgebraucht sind. Anschließend stricken Sie mit der Filzwolle in Hellgrau weiter – insgesamt 21 Reihen.

Alle Maschen ganz locker abketten.

Nähen Sie die Hausschuhe wie in Schritt 10 zusammen und filzen diese, wie auf Seite 16 beschrieben, in der Waschmaschine.

Winterweiß und sehr warm

Material

100 g Filzwolle, braun
200 g Filzwolle, winterweiß
1 zusätzliches Nadelspiel in der gleichen Stärke
2 Reißverschlüsse, 20 cm lang, Dekor, nicht teilbar
Nähgarn
Nähnadel
Stecknadeln
Ledersohlen

Schlagen Sie 71 Maschen an und stricken Sie in der Grundtechnik die Schritte 1–3.

Für die **Sohle** stricken Sie 11 Reihen in der mittelbraunen Wolle in Kraus rechts.

Den **Fuß** und den **Schaft** im Muster Glatt rechts arbeiten.

Stricken Sie die 16 Reihen für den Fuß + 2 weitere Reihen. Anschließend stricken Sie mit einem Nadelspiel den Schaft weiter, dabei die Reihe vorne teilen und hinten über die Ferse durchgehend weiterstricken. **(Abb. 1)**
Damit sich der Abschluss vorne nicht einrollt, stricken Sie auf beiden Seiten zuerst eine Randmasche, dann 3 Maschen im Perlmuster.

Für den Wadenkeil* nehmen Sie nach 15 cm (von ganz unten gemessen) hinten in der Mitte 1 Masche zu. **(Abb. 2)**

Nach weiteren 5 cm nehmen Sie wieder 2 Maschen (vor und nach der Mittelmasche) zu. Dies noch 2 x wiederholen.

Nach 27 cm ab der Sohle 12 Reihen im Muster Kraus rechts weiterstricken. Anschließend alle Maschen ganz locker abketten.

Nähen Sie den Hausschuh wie im Schritt 10 zusammen. **(Abb. 3)**

Filzen Sie die Hausschuhe, wie auf Seite 16 beschrieben, in der Waschmaschine.

Nach dem Filzen den Reißverschluss von Hand einnähen.

Reißverschluss einnähen

Drehen Sie den Hausschuh auf die verkehrte Seite und stecken Sie den Reißverschluss mit Stecknadeln fest. Anschließend nähen Sie den Reißverschluss mit kleinen Rückstichen ein. **(Abb. 4+5)**

Nähen Sie mit einem braunen Garn in kleinen Vorstichen eine Ziernaht um den Reißverschluss herum und rund um den oberen Rand.

Wie Sie die Ledersohle aufnähen, sehen Sie Seite auf S. 14.

Abb. 1

Abb. 2

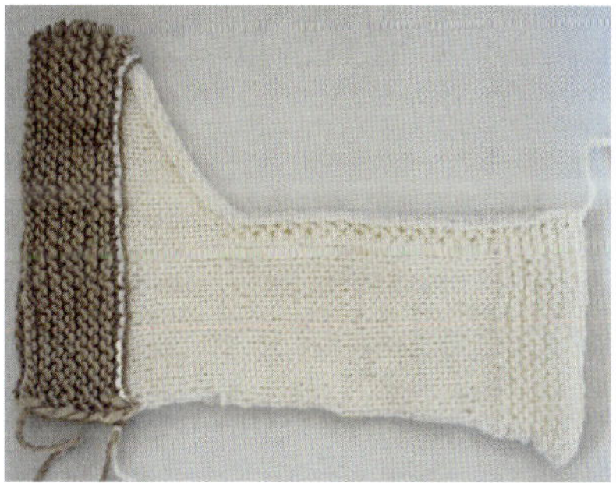

Abb. 3

Abb. 4

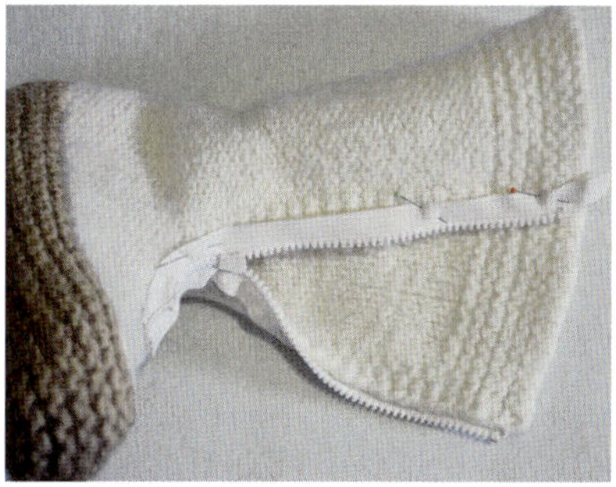

Abb. 5

Fertig!

* normale Wadengröße

Gamaschen

Material

30 g Filzwolle, gelb
250 g Filzwolle, grün
2 Bänder oder Kordeln zum Verschnüren, 1,5 m
2 Gummibänder, 14 cm lang und 25 mm breit

Tipp

Das Gummiband können Sie mit Stofffarbe anmalen. **(Abb. 8)**

Die Gamaschen werden im Muster Kraus rechts gestrickt.

Bei diesem Modell wurde die strichlierte Seite als rechte Seite verwendet.

Bei den Gamaschen lässt man die **Sohle** weg und fängt beim **Fuß** zu stricken an. Da sich der Verschluss seitlich befindet, ist die Mascheneinteilung folgende:

Infokasten auf S. 54 beachten!

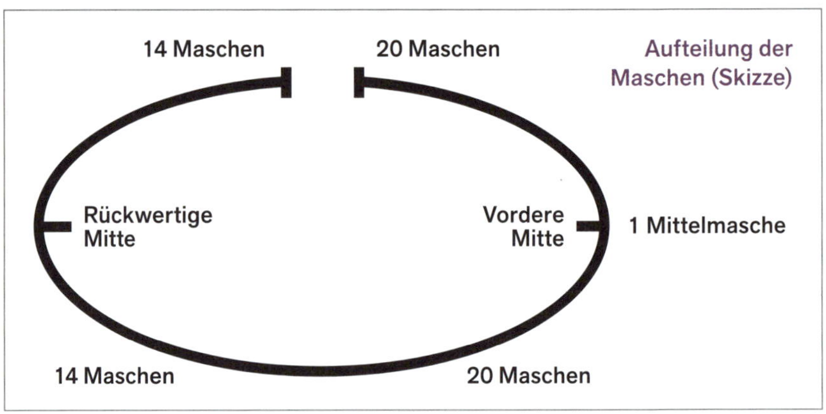

In Gelb 69 Maschen anschlagen und 2 Reihen stricken. **(Abb. 1)**

Nun 14 Reihen in Grün weiterstricken, wie bei den Schritten 4–7 angegeben ist. **(Abb. 2)**

Für den Schaft markieren Sie die rückwertige Mitte und nehmen ab hier immer an dieser Stelle in jeder 10. Reihe 7-mal 1 Masche zu. **(Abb. 3)**

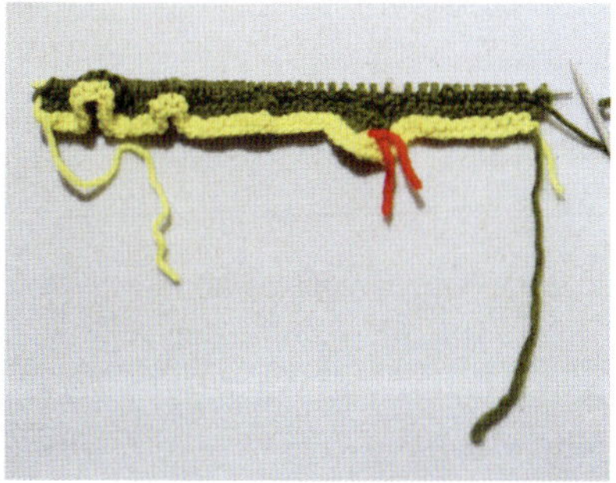

Abb. 1

Abb. 2

Abb. 3

Abb. 4

Abb. 5

Abb. 6

Abb. 7

Abb. 8

Fertig sind die Gamaschen!

Nun noch 4 Reihen in Gelb stricken und alle Maschen ganz locker abketten. Alle Maschen vernähen. **(Abb. 4)**

Die 2. Gamasche gegengleich stricken.

Die Gamaschen, wie auf Seite 16 beschrieben, in der Waschmaschine filzen.

Nach dem Trocknen fädeln Sie das Band kreuzweise durch und nähen das Gummiband an. **(Abb. 5-7)**

Info

Maschenberechnung für Größe 38

Fuß .... 28 Maschen
(14 Reihen x 2 Maschen Abnahme)

Schaft .... 40 Maschen

Mittelmasche vorne ..... 1 Masche

Maschenanschlag .. 69 Maschen

Abnahme 14 x 2 M ...-28 Maschen

Schaft .... 41 Maschen

Filzschuhe im Ziegelstein-Design

Material

50 g Filzwolle, weiß
100 g Filzwolle, türkis
1 Rundstricknadel

Schlagen Sie 61 Maschen an und stricken Sie in der Grundtechnik die Schritte 1–7.

Für die **Sohle** stricken Sie 10 Reihen in Türkis in Kraus rechts.

Für den **Fuß** stricken Sie 14 Reihen in der Grundtechnik Schritt 3–7 in Weiß und Türkis im Ziegelstein-Muster.

Ziegelstein-Muster

Das Muster wird mit Hebemaschen glatt rechts gestrickt.

Mustersatz

1. Reihe in Türkis: Nach jeder 6. Masche 1 Umschlag machen.

2. Reihe in Weiß : 5 Maschen weiß bis zum Umschlag stricken, den Umschlag von der Vorreihe fallen lassen und die 6. Masche ungestrickt auf die rechte Nadel heben. (Hebemasche in Türkis). **(Abb. 1)**

3. und 4. Reihe in Weiß: 5 Maschen weiß stricken, 6. Masche ungestrickt auf die rechte Nadel heben. **Durch die Abnahme beim Fuß laufen die „Linien beim Ziegelstein" vorn zusammen. (Abb. 2)**

5. Reihe in Türkis: wie Reihe 1, aber um 3 Maschen versetzt, sodass das Ziegelmuster entsteht.

Jeden weiteren Mustersatz stricken Sie versetzt zum zuvor gestrickten.

Zum Schluss stricken Sie noch 3 Reihen ohne Abnahme (Schritt 9) in Kraus rechts in Türkis.

Anschließend alle Maschen ganz locker abketten.

Die beiden Hausschuhe müssen nicht genau gleich sein! **(Abb. 3 u. 4)**

Nähen Sie die Hausschuhe wie in Schritt 10 zusammen und filzen diese, wie auf Seite 16 beschrieben, in der Waschmaschine.

Abb. 1

Abb. 2

Abb. 3

Abb. 4

Fertig!

Meine Notizen

Verwenden Sie diese Seite für Ihre eigenen Notizen zu den von Ihnen gefertigten Hausschuhen.

Beispiel:
Ballerina habe ich in Größe 37 gestrickt, habe sie aber 2x gewaschen und danach passten sie wunderbar. Das nächste Mal 1 Schuhgröße kleiner stricken.

AUS UNSEREM PROGRAMM

ISBN 978-3-7020-1529-9

ISBN 978-3-7020-1664-7

ISBN 978-3-7020-1479-7

ISBN 978-3-7020-1599-2

Leopold Stocker Verlag
Graz – Stuttgart
www.stocker-verlag.com